이 이야기가 어린이를 위해 새롭게 만들어질 수 있었던 것은
내 아들 크리스천 존슨의 도움이 있었기 때문이다.
이 책을 아들에게 바친다.

WHO MOVED MY CHEESE? FOR KIDS

Copyright ⓒ 2003 by Spencer Johnson, M. D.
Korean translation rights ⓒ 2017 by Mir Book Company
All rights reserved including the right of reproduction in whole or in part in any form.
This edition published by arrangement with G. P. Putnam's Sons, an imprint of Penguin Young Readers Group, a division of Penguin Random House LLC through Shinwon Agency.

이 책의 한국어판 저작권은 신원 에이전시를 통한 저작권사와의 독점 계약으로 (주)미르북컴퍼니에 있습니다.
저작권법에 의해 보호를 받는 저작물이므로 무단 전재와 복제를 금합니다.

어린이를 위한
누가 내 치즈를 옮겼을까?

변화와 승리로 가는 멋진 도전의 길

스펜서 존슨 & 크리스천 존슨 지음 | 스티브 필레기 그림 | 김영철 옮김

Who Moved My Cheese? for Kids

미르북 컴퍼니

스펜서 존슨
세계적인 베스트셀러 작가이자 미국의 저명한 강연자, 상담가이다.
전 세계 수천만 명의 사랑을 받은 《누가 내 치즈를 옮겼을까?》는 아마존 비즈니스 부문 베스트셀러 1위를 차지했고 새 천년에 꼭 읽어야 할 책으로 뽑히기도 했다.
스펜서 존슨의 작품들은 〈뉴욕타임스〉 선정 베스트셀러에 무수히 뽑혔고 대표작 《누가 내 치즈를 옮겼을까?》을 포함하여 《선물》, 《선택》, 《행복》, 《부모》 등 많은 책을 집필했다.
누구나 쉽게 읽을 수 있는 우화를 통해 삶의 지혜와 진실을 전하던 스펜서 존슨은, 2017년 7월 3일 미국 캘리포니아 주 샌디에이고의 한 병원에서 췌장암에 따른 합병증으로 사망했다.

크리스천 존슨
스펜서 존슨의 아들로, 《누가 내 치즈를 옮겼을까?》 어린이판의 최초 아이디어 제공자이다.
12세 때 《누가 내 치즈를 옮겼을까?》를 어린이들이 쉽게 읽을 수 있으면 좋겠다고 제안하여 어린이판이 탄생했다.

김영철
1999년에 KBS 14기 공채 개그맨으로 데뷔했다. 서른이 넘어서야 영어 굴욕 사건과 몬트리올 코미디 페스티벌에서 발견한 꿈을 계기로 영어 공부에 사활을 걸게 되었다.
새벽부터 강남 영어 학원가에서 발품을 팔며 각고의 노력 끝에 입을 뚫고 잃어버린 영어 자신감을 되찾았다. 여러 대학에서 영어 특강을 하는 등 방송과 영어 교육 활동을 병행하고 있으며, 그간 갈고 닦아온 영어 실력을 바탕으로 《치즈는 어디에?》라는 책을 번역했고 《뻔뻔한 영철 영어》, 《김영철의 펀펀 투데이》, 《일단, 시작해》를 썼다.

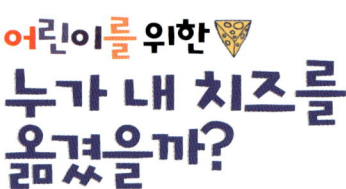

어린이를 위한 누가 내 치즈를 옮겼을까?

스펜서 존슨 & 크리스천 존슨 글 | 스티브 필레기 그림 | 김영철 옮김

1판 1쇄 펴낸 날 | 2017년 9월 15일
2판 1쇄 펴낸 날 | 2024년 3월 1일

펴낸이 | 장영재 **펴낸곳** | (주)미르북컴퍼니 **등록** | 2012년 3월 16일(제313-2012-81호)
주소 | 서울시 마포구 성미산로32길 12, 2층 (우 03983) **전화** | 02)3141-4421 **팩스** | 0505-333-4428
E-mail | sanhonjinju@naver.com **카페** | cafe.naver.com/mirbookcompany **SNS** | instagram.com/mirbooks

---

KC인증정보   **품명** 아동 도서 **사용연령** 8세 이상 **제조년월일** 2024년 3월 1일 **제조국** 대한민국 **연락처**
02)3141-4421 서울시 마포구 성미산로32길 12, 2층 **주의사항** 종이에 베이거나 긁히지 않도록 조심하세요.
책 모서리가 날카로우니 던지거나 떨어뜨리지 마세요.

전 세계 수백만 독자들이 《누가 내 치즈를 옮겼을까?》를 읽었고, 그 가운데 많은 분이 제게 이런 말을 해 주었습니다.

"이 치즈 이야기를 내가 어렸을 때 읽었더라면 좋았을 텐데……. 그랬더라면 어렸을 때부터 변화에 잘 대처하고 어려움도 슬기롭게 이겨 내고 얼마나 좋았을까요?"

몇 년 전 우리 가족은 그동안 살던 곳에서 아주 먼 곳으로 이사를 갔습니다. 몇 달 뒤, 우리 아이들이 학교에 잘 적응하고 있다고 담임선생님이 칭찬을 아끼지 않았습니다.

우리 집 아이들은 《누가 내 치즈를 옮겼을까?》의 이야기를 통해 변화란 재미있고, 자기들에게 더 좋은 것을 가져다줄 수 있다는 사실을 깨달은 겁니다. 이 책은 실제로 우리 아이들을 변화와 승리의 길로 이끌 수 있습니다.

여러분의 가족들도 다양한 변화를 경험하게 될 것입니다. 그 변화가 어떤 것이든 여러분의 자녀들이 어린이를 위해 특별히 만든 이 이야기를 재미있게 읽기 바라며, 여러분 모두 자신만의 치즈를 꼭 찾기 바랍니다. 그리고 치즈를 찾는 그 순간을 즐깁시다!

아주 옛날에 스니프, 스커리, 헴 그리고 허라는 네 명의 꼬마 친구들이 살았습니다.

이 네 친구들은 매일 아침 운동화를 신고 자신들을 행복하게 만들어 줄 일명 '**마법의 치즈**'를 찾으러 다녔죠.

마법의 치즈는 아주 특별했답니다.

왜냐하면 그 치즈를 찾아내면 기분이 아주 좋아졌거든요!

그 마법의 치즈는 커다란 미로 속 어딘가에 숨어 있었답니다. 이곳저곳 아주 다양한 곳에요.

스니프와 스커리는 아주 똑똑해서 한 번 간 길은 늘 기억했어요.

그들은 치즈가 있을 만한 새로운 곳을 끊임없이 찾아다녔죠.

스니프는 냄새를 기막히게 잘 맡았답니다. 코를 킁킁거리기만 해도 치즈가 어디에 있는지 알아냈죠.

스커리는 달리기를 잘했어요. 치즈가 있는 곳을 냄새 잘 맡는 스니프보다 더 빨리 뛰어가서 찾아냈습니다.

헴과 허도 똑똑했답니다. 둘은 마법의 치즈를 찾기 위해 책도 보고 지도를 찾아보기도 했어요.

"우리 이 길로 한번 가 보자"라고 허가 말하자,

"자신은 없지만 그래 가 보자"라고 헴이 말했어요.

헴과 허는 어두운 구석으로 들어갔다가 길을 잃을까 봐, 한 발짝 한 발짝 아주 천천히 돌아다녔습니다.

매일매일 그렇게 네 친구들은 긴 미로 속에서 치즈를 찾아다녔습니다.

어두운 골목길로 들어가기도 하고 막다른 길을 만나기도 했죠. 그러면 다시 돌아서서 새로운 곳으로 발길을 돌렸습니다.

그러던 어느 날 갑자기 네 친구에게 행운이 찾아왔답니다. 네 친구 모두 아주 특별한 것을 발견한 거예요.

그게 뭐였을까요?

치즈 정거장 C

바로 '**마법의 치즈**'였어요!

마법의 치즈는 '치즈 정거장 C'라는 아주 커다란 방에 있었어요.

치즈는 계속 그곳에 있었고, 누군가가 찾아 주기를 기다리고 있었던 거예요.

"와, 대박!" 허가 외쳤어요.

"세상에, 말도 안 돼!" 스니프와 스커리도 소리를 질렀죠.

"이만하면 우리 평생 치즈를 안 찾아다녀도 되겠어!" 헴도 흥분을 감추지 못했답니다.

스니프는 오렌지 조각처럼 생긴 맛좋은 향이 나는 치즈를 좋아했어요.
스커리는 딱딱하게 생긴 네모난 모양의 노란 치즈를 야금야금 갉아 먹었죠.
헴은 구멍이 퐁퐁 나 있는 치즈를 좋아했고, 허는 동그란 자동차 바퀴 모양의 하얀 치즈를 즐겨 먹었습니다.
네 친구들은 이 마법의 치즈가 가져다줄 행운을 제각각 머릿속에 그려 보기 시작했답니다.

 스니프는 블루치즈 공원에서 새로운 친구들과 노는 자신의 모습을 그려 봤어요. 스커리는 치즈 축구 시합에서 우승 골을 넣는 모습을 상상했죠. 허는 다니는 초등학교에서 좋은 성적을 받는 모습을 생각해 봤습니다. 그리고 헴은 스위스 치즈 동산 꼭대기에 근사한 집을 짓는 것을 꿈꿔 봤죠.
 해가 져서 어둑어둑해지자, 네 친구들은 각자의 집으로 향했답니다.

다음 날 아침, 스니프와 스커리는 아침 일찍 일어나서 운동화 끈을 꽉 조여 맸어요.
그리고 미로를 가로질러 곧장 치즈 정거장 C로 달려갔죠.

치즈 정거장 C에 도착하자마자, 스니프는 치즈가 아직 신선한지 냄새를 맡아 봤고 스커리는 치즈가 얼마나 남아 있는지 재 봤어요. 치즈는 다음 날까지 먹기에 충분했고 만족한 둘은 운동화를 벗어서 목에 걸었습니다. 혹시 치즈가 더 필요하다고 해도 여기서 잽싸게 찾을 수 있으니까요.

스니프와 스커리는 자리를 잡고 마법의 치즈를 먹기 시작했습니다.

한편 헴과 허는 계속 잠을 자고 있었어요.

"치즈가 어디 있는지 이미 알잖아!"라고 헴은 생각했어요. 그리고 허는 하품을 하면서

"서두를 필요 없어. 침대에 누워 있으니까 진짜 편하다. 아, 좀 더 자야지!"라고 말했답니다.

헴과 허도 느지막하게 치즈 정거장 C에 도착했습니다.
헴은 집에 온 것처럼 치즈 의자에 편하게 누워서 치즈를 먹었어요.
허는 벽에 이렇게 써 놓았죠.
'치즈를 갖는다는 것은 행복한 일이야.'

치즈 정거장 C

매일매일 스니프와 스커리는 아침 일찍 일어나서 치즈 정거장 C로 달려갔어요.
그리고 남은 치즈가 별일 없는지 늘 크기를 재 봤습니다.

그러나 헴과 허는 매일 늦잠만 잤답니다.

치즈가 얼마나 남아 있는지 관심도 없었고, 항상 그 자리에 있을 거라고 생각했죠.

치즈에게는 과연 어떤 일이 일어났을까요?

어느 날 아침이었어요. 스니프와 스커리가 치즈 정거장 C에 일찍 도착했는데 치즈가 없어진 거예요!

그러나 두 친구는 그렇게 놀라지 않았어요. 남아 있던 치즈가 점점 줄어들 거라는 걸 알고 있었거든요. 그리고 미로 속으로 들어가서 새로운 치즈를 찾아야 한다는 것도 알고 있었답니다.

"우리는 분명히 예전과 똑같은 치즈를 찾을 거야."

스커리가 말했어요.

"아니, 더 좋은 걸 찾을 거야. 새로 찾은 치즈는 훨씬 더 맛있을 거야!"

스니프가 더 크게 외쳤답니다.

좀 더 시간이 지난 뒤, 헴과 허가 텅 빈 치즈 정거장 C에 도착했답니다. 사방을 둘러봤지만 자신들의 눈을 믿을 수가 없었죠.

헴이 소리를 질렀어요.

"이게 뭐야! 치즈가 없어졌어, 없어졌다고! 도대체 누가 내 치즈를 옮긴 거야?"

헴은 몹시 화가 났어요. 그곳에 있던 치즈는 영원히 자기 거라고, 자신은 그 치즈를 가질 자격이 충분하다고 여겼거든요.

헴이 방방 뛰면서 소리 질렀습니다.

"이건 불공평해!"

허도 헴만큼이나 실망했지만 발을 동동 구르거나 방방 뛰지는 않았어요.

허는 마치 동상처럼 우두커니 서 있었습니다. 뭘 어찌해야 할지를 몰랐거든요.

충격에 빠진 허는 그러다 뭔가 이상한 걸 알아차렸답니다.

"헴, 그나저나 스니프와 스커리는 어디 있지?"

"글쎄, 나도 모르겠어."
헴이 주변을 둘러보며 말했어요.
"내 생각엔 미로에서 새 치즈를 찾고 있을 거 같아. 우리도 그러자."
허가 말했습니다.

"싫어. 미로 속은 너무 복잡해. 안 갈래. 여기 있던 치즈를 찾기까지 얼마나 힘들었는지 생각 안 나?
사람들이 치즈를 다시 가져다 놓을 때까지 여기서 기다릴래. 그게 훨씬 안전해."
헴의 말을 들으니 허도 두려워졌답니다.
"맞아. 네 말이 맞아."

치즈 정거장 C

그다음 날도 헴과 허는 텅 빈 치즈 정거장 C에 갔답니다.

그 방이 치즈로 가득하길 잔뜩 기대하면서요.

두 친구는 그렇게 매일 기다리고, 기다리고, 또 기다렸습니다.

모든 것이 예전으로 돌아가기를 간절히 바라면서요.

그사이 스니프와 스커리는 새 치즈를 찾으려고 코를 킁킁거리며 미로 구석구석을 돌아다녔습니다.

마법의 치즈를 조금이라도 찾는 날은 잠시 쉬면서 먹곤 했죠.

그리고 항상 헴과 허를 위해 약간의 치즈도 남겨 뒀답니다.

그러던 어느 날이었어요.
스니프와 스커리가 미로에서 새로운 곳을 발견한 거예요!
치즈 정거장 N이라는 곳이었는데,
치즈 정거장 C보다 10배는 더 많은 치즈가 있었답니다.

헴과 허는 텅 빈 치즈 정거장 C에서 계속 기다렸어요.

마침내 허는 옆에 앉아 있는 헴을 바라보면서 막 웃었습니다.

"헴, 우리 좀 봐 봐. 너무 우습지 않아? 모든 게 변했는데 우리만 안 변했어!"

헴은 너무 화가 나서 웃지 않았답니다. 하지만 허는 소리 내어 크게 웃었더니 기분도 한결 좋아졌죠. 그래서 벽에 이렇게 썼습니다.

'두려워하지 않았다면 무엇을 했을까?'

"헴, 다시 미로로 가자."

허가 생각난 듯이 말했어요.

"아니, 난 싫어. 안 갈래."

헴은 거절했습니다. 허도 이번만큼은 헴의 말을 듣지 않았어요.

"새로운 마법의 치즈를 찾아야 해. 변해야 할 때가 온 거야!"

두려워하지 않았다면

무엇을 했을까?

"이제 미로로 갈 시간이야!" 허는 소리를 지르더니 힘차게 미로 속으로 뛰어 들어갔습니다.

처음에 허도 미로에서 어떤 일이 벌어질지 몰라 잔뜩 긴장을 했어요.

하지만 다시 마법의 치즈를 먹을 생각을 하니 자신감도 생기고 몸도 자유로워지는 것 같았죠.

"왜 이렇게 기분이 좋지?" 허는 놀랍고 신기했습니다.

허는 기분이 좋아진 이유가 더 이상 두려워하지 않아서라는 것을 깨달았어요. 그래서 이렇게 적었습니다.
'두려워하지 않으면 기분이 좋아진다!'

허는 헴이 뒤따라와서 자기가 벽에 남긴 글을 읽었으면 했어요. 그래서 자기가 가는 방향으로 화살표를 남겨 주었답니다. 그리고 난 뒤 미로 속으로 달려갔어요.

모퉁이를 지나 쭉 걸어가니 치즈 정거장 E가 있었습니다. 그런데 그곳엔……

허가 치즈 정거장 C에 가 보니, 헴이 바닥에 힘없이 누워 있었어요.

"헴! 헴!" 하며 허가 헴을 일으켜 세웠답니다. 그러자 헴이 힘없이 말했어요.

"허, 네가 다시 돌아와서 정말 기뻐. 여기 혼자 있으니까 너무 외로워. 치즈는 찾았어? 내가 좋아하던 구멍 뚫린 치즈 말이야?"

"아니. 그렇지만 새로운 마법의 치즈 몇 조각을 찾았어. 정말 맛있어. 자, 여기, 먹어 봐."

"싫어. 맛없을 거 같아. 옛날에 먹던 치즈를 여기 다시 가져다 놓을 때까지 그냥 기다릴래."

"헴, 옛날에 먹던 치즈는 없어. 이제 새 치즈를 찾아야 해. 처음에는 무섭겠지만 일단 시작하면 재미있어!"

"싫어, 싫다고." 헴이 계속 고집을 부렸어요.

허는 어쩔 수 없이 헴과 작별을 하고 다시 미로로 돌아갔습니다.

허는 변화를 무서워하고 그 자리에만 머물려고 하는 헴 때문에 마음이 아팠습니다.
하지만 텅 빈 치즈 정거장 C에서 걱정만 하면서 앉아 있고 싶지는 않았어요.
허는 새 치즈를 찾을 수 있다는 강한 자신감이 생겼고, 미로 여기저기를 탐험하기로 마음먹었답니다.

허는 뛰어가면서 큰 소리로 외쳤습니다.

"와! 내가 변한 거 같아서 정말 기분이 좋아. 새롭게 시작하는 거야. 아, 재밌어! 새로운 내가 정말 좋아!"

허는 미로에서 가장 어두운 곳으로 들어갔어요.

헤매지 않고 길을 찾기 위해 곧 찾게 될 새로운 마법의 치즈를 상상해 봤습니다.

그리고 마법의 치즈를 찾아내서 그것을 맛보게 될 모습을 그려 봤죠.

그러자 더 신나고 힘이 났습니다.

허는 생각했답니다.

"마법의 치즈를 상상 속에서 그려 보니까 꿈을 꾸고 있는 거 같아. 와, 근데 이건 꿈이 아니고 진짜 같아!"

여러분은 자신의 새 치즈가 어디에 있다고 생각하세요?

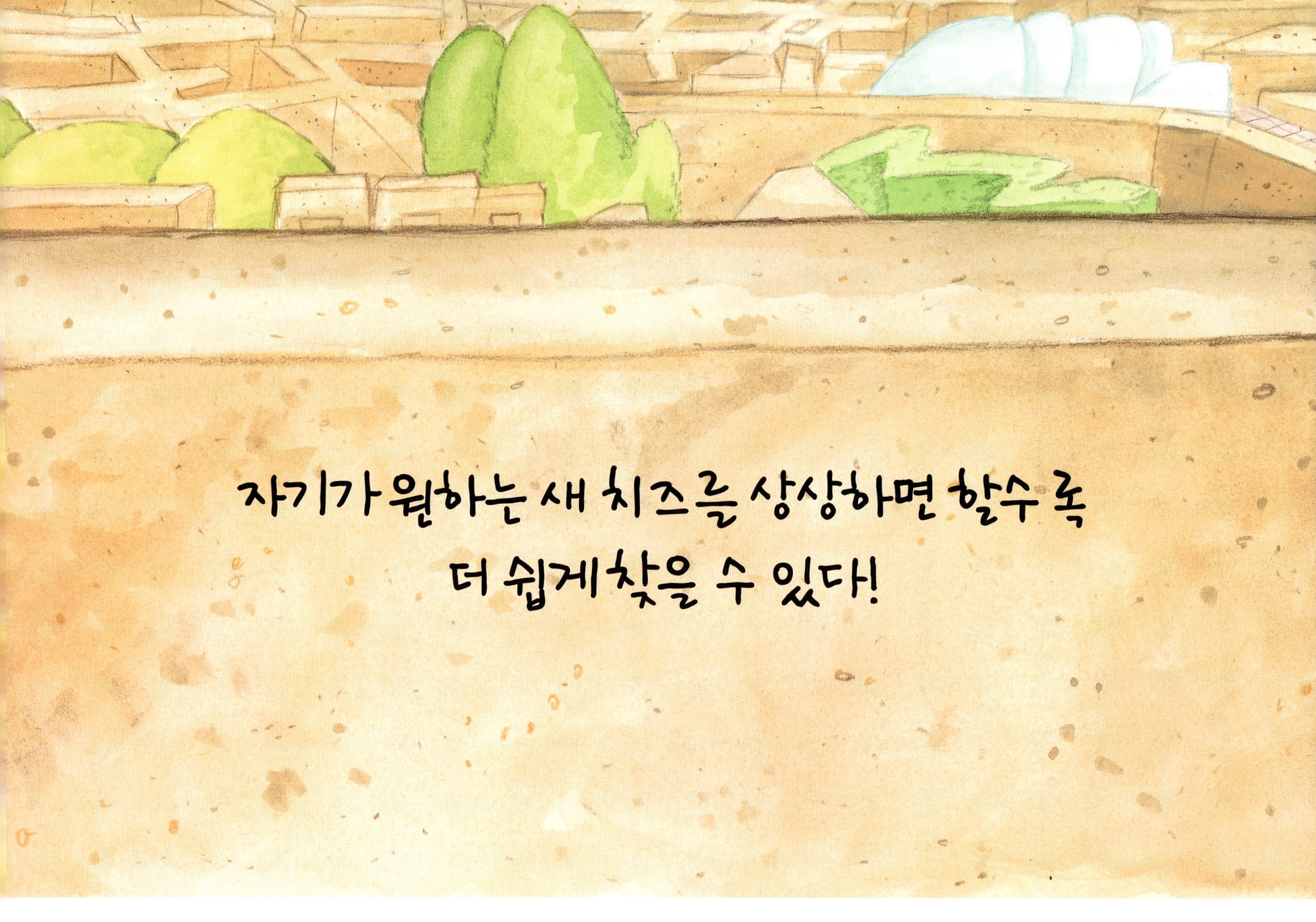

허는 더 좋은 치즈를 찾는 상상을 하면 할수록 가는 길이 더 쉬워졌어요.
허는 잠시 멈춰 서서 벽에 이렇게 적었습니다.
'자기가 원하는 새 치즈를 상상하면 할수록 더 쉽게 찾을 수 있다!'

다시 길을 나선 허는 예전에 느끼지 못했던 새로운 냄새와 색깔이 돋보이는 미로에 이르렀습니다.

이전보다 더 밝고 분위기가 좋은 곳이었답니다.

모퉁이를 돌아 계속 뛰어가던 허는 자기 앞에 펼쳐진 풍경에 그만 깜짝 놀라고 말았어요.

그게 뭐였을까요?

허는 바로 치즈 정거장 N 앞에 서 있었던 거예요!

"우와! 이것 봐. 이게 전부 다 새 마법의 치즈야!"

허는 소리를 질렀습니다.

그리고 상상했던 그대로 잔뜩 쌓여 있는 치즈를 향해 뛰어들었어요.

"옛날 치즈보다 훨씬 좋아!"

치즈 정거장 N

결국 허의 꿈이 이루어졌습니다. 허는 정말 기뻤어요.
그런데 어디선가 귀에 익은 웃음소리가 들리는 거예요.

허는 건너편에 앉아 있는 스니프와 스커리를 발견했습니다.

둘은 허가 치즈 정거장 N에 도착한 것을 기뻐해 주었어요. 허는 그 자리에서 문득 깨달았답니다.

"스니프와 스커리가 그랬던 것처럼 새 치즈를 좀 더 일찍 찾아 나서야 했어!"

허는 치즈가 얼마나 남았는지 치즈 크기를 재는 스커리를 도와주었어요.
"이제부터는 치즈가 어떻게 변해 가는지 좀 더 집중해서 지켜볼 거야."
그리고 허는 또 벽에다가 글을 적었습니다.
'**치즈가 오래됐는지 알려면 치즈 냄새를 자주 맡아라!**'

그 뒤에 허는 자신의 이번 미로 여행에 대해 많은 생각을 했습니다.

그는 이번 여행에서 많은 것을 배웠죠!

누군가가 치즈 정거장 C에 있던 치즈를 치워 버린 일이,

그리고 자신에게 일어난 많은 변화가 마치 어제 일처럼 느껴졌습니다.

이제는 가장 큰 변화가 자기 자신 안에서 이루어졌다는 것도 깨달았습니다.

변화란 자기 자신을 좀 더 좋은 곳으로 이끌어 준다는 것도 알게 되었죠.

허는 미로에서 보냈던 시간들을 떠올리면서 자기가 배우고 깨우쳤던 교훈을 벽에 적었습니다.

벽에 남긴 이야기

치즈를 갖는다는 것은 행복한 일이야.

두려워하지 않았다면 무엇을 했을까?

두려워하지 않으면 기분이 좋아진다!

옛날 치즈를 빨리 잊으면 잊을수록 새 치즈를 더 빨리 찾는다!

자기가 원하는 새 치즈를 상상하면 할수록 더 쉽게 찾을 수 있다!

치즈가 오래됐는지 알려면 치즈 냄새를 자주 맡아라!

새 치즈를 찾아 움직여라. 그리고 그것을 즐겨라!

그런데 갑자기 미로 어디에선가 무슨 소리가 들렸습니다.

누가 오고 있을까요? 헴이 혹시 허가 벽에 남긴 글을 보고 찾아오는 건 아닐까요?

허는 소리가 나는 쪽으로 고개를 돌렸어요. 그리고 헴이 오기를 두 손가락을 겹쳐 간절히 빌었답니다.

허의 바람대로 헴이…… 왔을까요?

새 치즈를 찾아 움직여 보세요.
그리고 그것을 즐겨 보세요!

끝

토론해 보아요!

책을 다 읽었나요? 여러분의 생각이 궁금해요.

- 과연 헴은 변했을까요?
- 스니프, 스커리, 헴, 허 중에서 자신은 누구랑 가장 닮았나요?
- 허는 친구 헴을 변화시킬 수 있었을까요? 아니면 헴 스스로 변할 수 있을까요?
- 여러분은 자기 치즈를 누군가가 옮겨 놓으면 어떻게 할 것 같나요?
- 여러분에게 새로운 마법의 치즈란 무엇인가요?
- 변화와 승리의 길로 가기 위해 오늘 당장 할 수 있는 새로운 일은 무엇일까요?